살아보니 알겠더라

Real Lies Media

프롤로그

또 얼굴을 내민다.
지난 6월 『울어야 산다』를
출간 이후 두 번째 시집이다.

여전히 시가 무엇인지 모른다.
사는 것이 무엇인지도 모른다.
내가 누군지도 모르고 살았다.

'살아보니 알겠더라'는
때 늦은 독백만이 그림자처럼
어른거리는 삶이었다.

다만 이것으로 퇴임을 기념하면서
또 하나의 매듭을 지으려 한다.

그리고 새로운 시작
나와 삶과 시를 찾아 떠나는
제2의 인생을 기대하면서

   - 일영산에서

살아보니 알겠더라 | 하나

그림자의 독백 . 08
양화진에서 . 09
믿음 . 10
장미 . 11
기도 . 12
나의 기도 . 13
사랑 . 14
걱정 . 15
비 . 16

우엉차 . 17
송구영신 . 18
바람 1 . 19
바람 2 . 20
바람 3 . 21
울면서 가는 길 . 22
낙엽 . 24
기다림 . 25
바다에 가면 . 26

살아보니 알겠더라 ∥ 둘

반달 . 28
물망초 . 29
우리 사랑은 . 30
나무아래서 . 32
잔소리 . 33
낙엽을 보면서 . 34
퇴임을 앞두고 . 35
운명 . 36
좌화상 . 38

딸기밭 체험 . 39
예술제 . 40
그해 가을 . 41
윷놀이 . 42
부음 . 44
들국화 . 45
돌단풍 . 46
후포 앞 바다에서 . 47

살아보니 알겠더라 III 셋

월영교 . 49

월영야행 . 50

황포돛배 . 52

버스킹 . 54

폭포공원에서 . 56

호반나들이 길 . 57

낙동강가에서 . 58

하회 선유 줄불놀이 . 60

청풍호에서 . 62

청남대 . 63

청옥산 . 64

온달산성 가는 길 . 66

남이섬 . 67

세미원에서 . 68

주목 . 69

소매물도 . 70

통영에서 . 71

독도 . 72

속리산 산행 . 73

와이탄의 야경 . 74

야류 지질공원에서 . 76

살아보니 알겠더라 IV 넷

봄 1 . 78
봄 2 . 79
신록 . 80
꽃샘추위 . 81
춘설 . 82
민들레 . 83
꽃을 보면서 . 84
개화 . 85
매화꽃 앞에서 . 86
할미꽃 . 87
봄비내리는 아침 . 88
목련꽃 . 89
꽃이 진 후 . 90
5월의 산속에서 . 91
6월에는 . 92
아카시아꽃 . 93

백일홍 . 94
무지개 . 95
우박과 무지개 . 96
산 새 우는 아침 . 97
매미 . 98
폭염 . 99
단풍 1 . 100
단풍 2 . 101
갈대 . 102
눈 내린 아침 . 103
눈 내리는 날 . 104
난초 . 105
돌아보니 기적이구나 . 106

살아보니 알겠더라 **| 하나**

그림자의 독백

살아보니
이제야 알겠더라

주는 것이
받는 것이더라
지는 것이
이기는 것이더라

살아보니
이제야 알겠더라

낮아지는 것이
높아지는 것이더라
죽는 것이
사는 것이더라

나이 들어보니
젊음의 아름다움을 알겠더라
부모가 되어보니
부모의 마음을 알겠더라

늘 따라 다니는
삶의 그림자 같은
이 때 늦은 독백

삶의 이 모든 것
살아보니 알겠더라

양화진에서

버들꽃 나루에
잠들어 있는 저들은
우리와 무슨 상관이랴

오로지
부르심에 의지하여
나아갈 바를 알지 못하고
험난한 바다를 건너와서

미지의 땅에
빛을 안고 와서
빛의 씨앗이 되었고

빛을 모르던
우리가 빛을 알고
빛의 열매가 되었으니

무슨 상관이든
이방인인 저들이
우리의 씨앗이 되었구나

믿음

십자가 없는
인생은 없으니
누구나 지고 가야할
십자가는 있는 것이다
들꽃이나 장미꽃이나
삶의 무게가 같듯이
크든지 작든지 저마다
십자가의 무게도 같으니
내 믿음 자랑하지 말고
남의 믿음 말하지 말자
내 믿음이든지
남의 믿음이든지
큰 믿음이든지
작은 믿음이든지
믿음은 같은 것을

장미

그 무슨 아픔으로
저렇게 가시를 품었나
그 어떤 넋이기에
저토록 아름답게 피었나

가시만큼이나
쌓이고 쌓인 아픔이
뜨겁게 타올라 피보다
붉은 사랑이 되었구나

가시에 찔려서
더욱 향기로운 넋이
겹겹이 피어올라 눈부신
아름다움이 되었구나

이길 것이 없는
그 사랑이
비길 것이 없는
그 아름다움이

낮고 낮은 데로 내려와
길가에서 담장 위에서
세상의 기쁨이 되었구나

기도

가슴 타는 소원을
별빛에 모아서
보이지 않는 것을
바라보는 마음으로
앞으로 나아갈 때
내일은 오늘이 되리라
길 다란 기다림
그 끝자락에는
새 하늘을 보리니
오래 참음이 없는
사랑은 없으리라

나의 기도

오늘 부는 바람이
어제 불던 바람과
다름을 알게 하소서

발길에 채 이는
조약돌의 아우성도
듣게 하소서

상사화 꽃잎에
봄날의 무성했던 잎 새를
기억하게 하소서

한 톨의 도토리에
울창한 굴참나무의 숲을
가슴에 품게 하소서

한 방울의 눈물에
강물보다 깊은 삶의 깊이를
생각하게 하소서

사랑

봄날의
무성한 잎사귀
형체도 없이
제 몸 다 내어 주고
긴 기다림 끝에
상사화 꽃을 피우고

하루 종일
해만 바라보다가
뜨거운 여름 햇살에
해바라기 한마음으로
까맣게 익어가며

밤이 오면
자신을 다 비우고
달이 뜨기만 기다려
달맞이꽃 달빛으로
노랗게 물들어 가고

촛불은
고독 속에서
뜨거운 눈물을 흘리며
스스로를 불 태워
어둠을 밝힌다

걱정

삶은 늘 걱정 속에 있는 것
걱정 없는 삶이 어디 있으랴
그곳은 오직 무덤뿐이리니
산다는 것은 걱정을 이기는 것이리라

불로 불을 이길 수 없듯이
걱정으로 걱정을 이길 수 없으니
걱정의 앞면만 바라보지 말고
걱정의 뒷면을 바라보리라

삶이 있어서 걱정이 있는 것이니
걱정보다는 기쁨으로 삶을 채우리라
따뜻한 봄이 겨울을 이기듯이
삶의 기쁨으로 걱정을 이기리라

비

비가 내린다.

신의 세례로
잠든 뿌리 깨우고
가지마다 움 트니

해갈한 목마름들
젖은 속삭임으로
허공 가득 울리고

마음에도 스미어
세월의 묵은 때
세례로 씻기니

말간 영혼이
정화로 눈뜨며
마음의 빈 뜨락에
하얀 깃발을 세운다.

우엉차

무겁게 드리운
밤의 장막 걷어 올리고
내려 쌓인 고요를 밟아
소망의 빛 가운데서
무릎 꿇는 새벽

조용히 눈 감고
말씀으로 길 찾는데
침묵의 경계 넘어
향기로 마주한
불청의 우엉차

우엉차 향기 속에
말씀의 활자 쏟아져
좁은 길을 만들고
묵묵히 걸어가는
여인의 뒷모습으로

따뜻하게 젖어드는
차가운 새날의 새벽

송구영신

추억의 갈피 속으로
떠나가는 묵은 해
세모의 정 달래려고
발길이 무작정 찾은
제야의 음악회

오케스트라에서
흘러나오는 음표에
종소리 같은 눈물로
뜻 모를 아쉬움에
마침표를 찍고

다가오는
무채색 새해를
물들이려는 빛깔을
마음에 담고서
기도로 나아간다

바람 1

보이지도 않고
붙잡을 수도 없고
가둘 수도 없는 너

어디로 와서
어디로 가는지
알 수도 없지만

풀잎을 흔들고
깃발을 울리며
잠든 뿌리를 깨우고

향기를 적시고
나뭇잎을 춤추게 하며

온 세상을
막힘도 없이
자유로이 누비다가

고요 속에
스며들어서는
영원한 순간이 된다

바람 2

바람이 분다

부는 바람에
갈대가 흔들린다
내 마음도 흔들린다

불어 와서는
간 곳을 알 수 없다
내 마음도 알 수 없다

바람아
그대는 누구인가

바람 3

바람은
산을 넘고 강을 건너서
보이지 않는 길을 달려 온
기쁜 소식

잠자는 뿌리를 깨우고
나뭇잎 춤추게 하듯
상한 마음 보듬고
넘어진 마음 일으켜 세우는
영혼의 노래

바람은
보이지 않는 장미 향기 새기어
세상을 황홀하게 하듯이
날마다 마음을 새롭게 적시는
영혼의 향기

타오르는 풍등
하늘로 실어 보내듯이
보이지 않는 소망
하늘로 흐르게 하는
영혼의 호흡

누가 바람을 보았는가

바람은
보이지 않는 힘
보이지 않는 것의 흔적
보이지 않는 것의 모든 것

울면서 가는 길

새들도
울면서 노래하고
바람도 울면서
제 갈 길을 간다

매미는
한 여름을
불꽃같이 울면서
나팔꽃 같은
목숨을 노래하며

풀벌레는
밤이 새도록
하얗게 울면서
가을을 노래한다

01 하나 | 울면서 가는 길

종소리도
울면서 울면서
동그랗게 퍼져 나가며

갓난아기도
울면서 태어나서
울음 속에서
마침표를 찍는다

산다는 것은
울면서 울면서
제 갈 길을 가는 것이다
기쁘거나 슬프거나

낙엽

낙엽이 진다
지난날의 생애
나이테에 새기고
떠나갈 자리에
새 봄을 잉태하고
일생을 불태워서
자신을 물들이고
세상을 물들이고

그 마지막 순간은
허공에 보이지 않는
궤적을 그으면서
부서져야 갈 수 있는
새로운 길을 떠난다

나무에서
낙엽이 지듯이
언젠가는 삶에
마침표를 찍고
또 다른 길을
떠나가야 하는
우리 모두는 낙엽

기다림

기다려 본 사람은 안다
짧은 것은 결코
기다림이 아니라는 것을
새하얀 시간위에
설렘과 불안함이
그리는 평행선 위로
희비를 섞으며 달려가는
아득한 기적소리를
다름으로 박제된
시간들 속에서
어지러이 흩날리는
순간의 무늬들
허공에 매달려 나부끼는
깃발과 같은 마음을
기다려 본 사람은 안다
기다림은 길다는 것을

바다에 가면

바다에 가면
짊어진 무거운 짐
모래사장 위에서
포말처럼 부셔지고

기울어 진 어깨
수평선과 나란히 하며
푸른 해원 같은
안식으로 이어 닿고

그리운 얼굴들이
추억의 물결위로
파도처럼 출렁이니

세월 속에서
묻혀 버린 삶의 곡조
갈매기 울음소리에
다시 담으며

무너진 마음이
거친 풍랑 일렁이는
바다 같은 생동감으로
다시 일어 선다

살아보니 알겠더라 **Ⅱ 둘**

반달

어두운 밤하늘에
반달이 외로운 것은
반쪽이 없어서 일 것이다

어두운 밤하늘에
반달이 아름다운 것은
또 다른 반쪽이
있어서 일 것이다

오늘 따라
밤하늘에 반달이
저토록 아름다운 것은
너 때문이다

물망초

무심코 길을 가다
들려오는 나지막한 목소리
"나를 잊지 마세요"

돌아보니
연보라빛 손짓하며
홀로 피어있는 물망초

나도 너에게
잊혀 지지 않는
꽃이 되고 싶다
사랑하는 그대여

우리 사랑은

서로 다른
반쪽이 합하여
한 마리 새가 되어
넓은 하늘을
자유로이 날듯이

서로 다른
뿌리의 나무가
하나의 가지가 되어
수많은 잎사귀로
울창한 나무가 되듯이

서로 다른
너와 내가 만나
두 기둥으로
우리 집을 떠받치고

우리 이제
하나의 인생이 되어
하나의 사랑이 되어

가야금
열두 줄이 합하여
화음을 울리듯이
삶을 노래하고

무지개
일곱 색깔로 어울려
아름답게 수놓듯이
인생을 물들이며

함께 있는
날들 속에서
우리 사랑은
서로가 서로에게

비가 올 때는
우산이 되리라
캄캄한 밤에는
등불이 되리라

기쁠 때에는
춤이 되리라
슬플 때에는
손수건이 되리라

언제나 따뜻한
봄날이 되리라
언제나 다정한
길벗이 되리라

나무아래서

나무는
햇살 아래서
푸른 잎새들로
생명을 반짝이며

비가 오면
떨어지는 빗방울에
품고 있는 리듬으로
자신을 노래를 하고

눈이 오면
내리는 눈을
그대로 껴안으며
색 다른 모습 보이며

바람이 불면
부는 대로 흔들리며
언제나 그 자리이다

나무아래서
나는 너를 생각한다

내 사랑도
나무처럼 언제나
그 자리에
그대로 이고 싶다

잔소리

어떨 때는
부셔져 튀어 올라
살갗을 적시는
물방울 같은 소리

굳은살의
통점을 자극하는
산뜻한 물방울이더니

어떨 때는
푸른 나무에
무디게 돋아 있는
삭정이 같은 소리

싱싱한 줄기에
생채기를 내는
뼈아픈 삭정이 이니

노파심이든 정체성이든
듣는 마음도 가끔은
잘게 부셔지기도 하지만

어쨌든
곁에 있어서
살아 있어서
들을 수 있는 소리

낙엽을 보면서

울긋불긋
자신을 물들이고
세상을 물들이고
떠나가는 뒷모습이
아름답다

나는 어떻게
물들고 있는가
그리고
세상을 어떻게
물들였는가

낙엽을 보면서
나의 얼굴이
붉게 물들어 간다

퇴임을 앞두고

머지않아
삼십여 년을
오르내리던 등굣길이
점점 멀어지고

삼십여 년을
귀에 익은 종소리도
들리지 않으리니

늘 보던
익숙한 풍경도
눈여겨 다시 보고

늘 만나는
낯익은 얼굴들도
더 살갑기만 하니

아무렇지 않던
이 테두리가
퇴임을 앞두고
자못 새롭고 애틋하다

운명

운명은
장난이 아니다
우연도 아니다

운명은 선택이고
선택의 너비는 경험이다

경험은 새로운 기회를
무조건 발로 차지 않는 것이다

익숙함에 속아서
새로움을 두려워하지 말자

익숙한 것도 다
처음에는 새로운 것이었다

새로운 땅을 밟아서
지평이 넓어지듯

작은 물줄기를
마다하지 않아서
바다가 깊이를 더해 가듯

새로운 경험을
마다하지 않아야
새로운 세계가 열리고
새로운 의미로 풍성해 지리니

산다는 것은
선택의 연속이고
경험이 운명을
결정하는 것이다

자화상

스승의 날
가슴을 장식한
한 송이 카네이션

부끄러워서
카네이션도
얼굴이 붉어졌다

딸기밭 체험

실핏줄 같은 한줄기 햇살에
버들강아지 기지개를 펴는
이른 봄날 딸기밭 체험

초록 물결 위에
순백으로 피어나
햇살을 품고
붉게 물든 정열이

입 안에 가득 부서져
속살 붉게 적시니
세월을 뛰어 넘어
번지어 오는 감회

어린 시절의 연중행사인
오뉴월 감기의 사랑처방이
봄을 알리는 과채가 된
세월의 변화에

젊은 시절 굶주린 욕구의
탈법적 해소의 면죄부가
체험행사가 되어버린
문화의 변화에

예술제

나도 몰랐던
내 안에 숨어 있는
또 다른 나를 찾아

보이지 않았던 나를
보여주지 않았던 나를
드러내고 펼쳐서 만드는
나를 해방시키는 한마당
즐겁고 아름다운 예술제

산다는 것은
나를 찾아 떠나는 여행
나를 찾는 예술제로
늘 예술제 같은 삶이어라

그해 가을

고장도 없이
후퇴도 모르고
흘러가는 시간 뒤로
저물어 가는 인생 1막

그 마지막 가을
떠나갈 때를 알고
미련 없이 지는 낙엽에
스며드는 흔적들

두 번 다시
돌아갈 수 없기에
그래서 더욱 찬란한
빛바랠 기억들이여

윷놀이

눈길 끄는 몸 사위
주문 실은 추임새로
허공을 가르는
네 개의 신명가락

엎어지고 젖혀지고
변화의 끗수로
갈길 정한 윷말에
희비가 갈린다

던지는 손길에
낮음도 높음도 없고
천함도 귀함도 없으니
모두가 하나 되고

겨루는 승부
누구도 점칠 수 없으니
재미가 솟구치고

이기고 지는 것이
영광도 상처도 아니니
신바람이 절로 난다

잡고 잡히고
질러가고 돌아가고
뒤로 가고 업어 가니
둥근 말판 위에
인생사 녹아있다

한바탕 어울 진
대동마당으로
눌린 가위 벗어지고
묶인 실타래 풀리니

우리 모두 다
세상을 윷판 삼고
인생을 윷가락 삼아
신명나게 살 일이다

부음

창문이
쏟아져 내리는 소리

하늘 한모서리
무너져 내리는 소리

아! 어머니!

듣기만 하여도
가슴 먹먹해지는 이름

이 세상에서
참으로 고생이
많으셨습니다

하늘나라에서
평안하소서

들국화

무서리 내린
황량한 빈들에
들국화 노랗게 피었다

꽃도 지고 잎도 시든
하얀 빈들의 들국화
하늘로 가는 길을
노란 등불 환히 밝히고
맑은 향기 피워 올리니
가을날 국화에 묻혀
떠나가신 어머니를 만난다

언젠가는
누구나 떠나가야 할
빈 손 순례의 길목에서
들국화 홀로 피어
남겨진 마음을 적신다

돌단풍

돌 틈 낮게 앉아
엄마 손 같은 이파리로
꽃대 높이 세우고
낮에 뜨는 별 같은
하얀 꽃을 피운다

있는 듯 없는 듯
보아 주는 눈길 없어도
줄기차게 피는 별꽃에

변변찮은 자식들
자랑처럼 여기시며
허리 한번 못 편 채
억척스레 삶 일구시던
그 모습이 묻어나니

하얀 별꽃들도
남 몰래 고개 숙여
이슬 같은 눈물짓는다

후포 앞 바다에서

때로는 잔잔한 평화로
때로는 요동치는 생동감으로
엎어지고 일어서는 파도에
젊음을 묻어 보내었던

푸른 바다 허공을
자유로이 넘나들며
치솟는 갈매기 날개에
꿈을 실어 보내었던

밀려와 쓸려가는 물결에
지워진 수많은 발길 위로
무너져 내린 세월 건너서
다시 찾은 후포 앞 바다

                  모래처럼 부서진 마음
                  바위 같이 딱딱한 마음
                  쉼 없이 쓰다듬는 파도에

                  질곡의 멍에 내려놓고
                  시린 마음 달래보지만

                  갈매기 울음소리에
                  병상을 짊어지신
                  노모의 눈물이 비치고
                  갚을 수 없는 그 사랑에
                  바다가 통곡한다

살아보니 알겠더라 **Ⅲ 셋**

월영교

그 곳에 가면
왠지 만날 것 같다
날마다 달처럼
떠오르는 너를

별들도
잠 못 이루는 밤
문밖에 서성이는
달빛 따라 흘러가면

달그림자
머무는 그 곳에서
훤히 비추어 주리라
차마 말 못하였던
마음의 골짜기를

달빛 젖은
사랑의 부호가
마음과 마음사이로
다리가 되어 흐르는
그 곳에서

한 송이
달빛으로 물드는
달맞이꽃으로
피어나리라

그 곳에 가면
왠지 만날 것 같다
날마다 달처럼
떠오르는 너를

월영야행

달그림자와
함께 밤을 걷는다

먼 옛날
추억의 반죽을
한 덩어리 떼어내어
추억 속으로 걷는다

육모방망이
포졸의 날카로운
수하를 통과하여

못 다한 사랑
초롱불에 담아서
장대에 높이 매달고

밤을 낮인 양
밝혀주는 등간이
장승처럼 지켜준다

달이 내려와
소원을 듣는 다리를
머리카락으로 삼은
미투리로 밟고 건너서

포졸의 나발소리에
못 다한 사랑 만나
저잣거리로 나서니

남들도 우리처럼
사랑할까 싶어
사방을 둘러보니
모두가 사랑이더라

굽이굽이
흘러가는 물위에
잔을 띄워 마주하며

흐르는 선율에
나를 던져 버리고
어두움을 던져 버릴 때

밤하늘을
수놓는 불꽃들이
별똥별처럼 쏟아지니

달그림자와
함께 걷는 이 밤이
한여름 밤의 꿈과 같다

황포돛배

흘러가버린
세월을 끌어안고
되살아난 개목나루

개목나루에서
안동호 드나드는
황포 돛단배에 오르니

그 옛날에는
강물이 갈라놓은
마을과 마을을
이어주더니

이제 지금은
세월이 갈라놓은
어제와 오늘을
연결해주며

세상의
벽으로 막혀있던
마음과 마음을
열어준다

먼 옛날에
나그네 심금 울렸을
뻐꾸기 그 울음이

오늘도
푸른 하늘에
고요하게 번지며

뱃놀이 하는
나들이객의 마음을
후벼 파고 들고

불어오는
시원한 강바람은
흘러온 세월의 노래
아득하게 들려주며

강물위에
떨어져 반짝이며
명멸하는 햇살은

세월위에
순식간에 떠가는
덧없는 삶을 비춘다

버스킹

어두운 밤
삶을 조명하듯
불빛들 다채로운
문턱 없는
월영교 마당에

청바지 버스커
통기타 여섯 줄로
튕겨내는 진동으로
가슴팍 깊은 곳에서
뽑아 올리는 울림으로
발길을 모으는데

흐르는 음표에
별들도 흥에 겨워
마음 열어 반짝이고
지나던 바람도
가던 길을 멈추고
가벼이 몸을 흔들며

달그림자도
살며시 스며들어
어깨를 들썩이고
천진한 무동이
유체이탈 한 듯한
춤사위를 더하니

하나 둘씩
모여드는 발길들
진동과 울림에 답하여
마음 문이 열리고
가락에 담겨진
애환 젖은 가사들
마음에 번지니

조폐공사 빗장
감동의 물결로
맥없이 풀리어
감사의 지폐들
슬금슬금 모이고

어김없는 시간도
월영교 버스킹의
선율에 묻힌 채
어두움 속에서
자신을 잊었는데

지나가던
야간열차가
기적소리 울려서
시간을 깨운다

폭포공원에서

시간이 멈춘 듯
고요가 점령한 폭포공원

연꽃과 수선화
호수를 수놓으며

말간 바람 한가롭고
봄볕 따스하게 부셔지니

숨죽인 숨 살아나고
하얀 순수 눈을 뜨며

세상소리 멈춘 귓가
자연소리만 가득

호반 나들이 길

강물이
세월 품고 물결치는
산기슭을 따라

나무들이
마을로 모여 사는
숲 속으로 나 있는

인생살이처럼
굽이굽이 굴곡진
호반나들이 길을
오고 가는 사람들

음악을 들으며
힘차게 걷는 사람
병마를 짊어지고
조심조심 걷는 사람

강물 위에
편안하게 앉아
떠다니는 청둥오리

바위 위에
물기 없는 터에도
뿌리를 내린 나무들

산바람
건네는 손수건으로
땀을 식히고

산새들
부르는 노래로
마음을 달래며

나는 걷는다
호반 나들이 길을
숲 이야기를 들으며

오늘도 걷는다
인생 나들이 길을
가슴에 불씨 하나 품고

낙동강가에서

시계바늘 같은 일상이
멈추는 낙동강가에

옷 벗은 햇살이
다채로운 빛깔로
눈부시게 아름답고

물기 젖은 바람도
햇살에 몸 말리며
정처 없이 한가롭다

밤을 지새운 달맞이꽃
달빛 품고 잠들고

부셔지는 물소리에
간밤에 떠돌던 시름
소리 없이 내려 앉는다

물가에 뿌리 내린
버드나무 무성함을
매미들 힘껏 노래하고

강가의 오동나무는
강물의 세월 노래를
꿈쩍 않고 곡조로 새긴다

피부에 세월이
주름 잡히듯이
바람이 강물에
주름을 지우니

일상이 멈추어도
문득 알겠더라

흘러가는 강물이
어제의 강물이 아님을

갈대의 푸른 잎새에
흔들리는 은빛 가을을

화회 선유 줄불놀이

만물을 삼켜버린 까만 밤
허공에 달려있는 줄불에서
은하수처럼 쏟아지는 가루불꽃

오고 가는 곳 알 수 없어도
막힌데 없이 멈추지 않고
나아가는 바람결에 몸을 싣고
어둠을 밝혀주는 둥근 풍등

꽃 내 강물에 안기어
너에게도 흐르고
나에게도 흘러서
쇠락한 모두의 가슴에
불길을 당기는 달걀 불

낙화야! 함성으로
부용대에서 꽃내로 몸을 던져
시름과 아픔을 모두 태우고
찬란한 소원으로 타오르는
솟갑단 불덩어리

어둠을 밝혀 절벽을 무대 삼고
강물에 의지하여 노래로 시름을 풀고
춤사위로 고달픔을 달래며
삶을 자적하는 선유뱃놀이

허공에서 내려오는 줄불
바람에 실려 가는 풍등
강물 위에 떠가는 달걀불
절벽에서 낙화하는 솟갑단
불의 향연을 즐기는 뱃놀이

까만 캔버스에
한 폭의 풍속화로 담아내는
빌고 태우고 밝히고 일으키는
불의 향연 하회 선유줄불놀이

맹인이 눈을 뜨는 환희로
삶을 축제하는 선유줄불놀이

청풍호에서

봄기운 성큼
몸 푸는 산하

먼 산에는 눈
들에는 비 내리고

구름 낮게 내려와
호수는 한 폭 산수화

맑은 바람은
종적을 감추고

무심한 호수에
빈 배만 외로운데

비를 맞으며
읊조리는 나그네

봄이 오는 길목에서
시화 속에 묻힌 하루

청남대

물길 굽이지고
수목이 울창한
대청호 호반 따라
은밀하게 자리했던
동화 속의 임금나라

오직
한 사람을 위하여
철책으로 둘러싼
금단의 땅이

또 다른
한 사람으로
모두의 소풍이 된
그 곳

나만을 위한 탐욕과
더불어 함께의 가치가
땅과 하늘의 차이를 빚으며
이제는 모두가 행복한
그 곳

청옥산

세상을 벗어나
백두대간에 자리한
늘 푸른 청옥산

길가에 질경이
산바람에 흔들리며
질긴 목숨 키워 내고

산새 울음소리에
싸리꽃 까닭 없이
덩달아 피어나며

꿀풀 아침 이슬로
생명줄 이어 가며
보라색 물감을 풀어
산길을 물들이고

오르락 내리락
다람쥐들 놀음에
산딸기 부끄러워
붉게 물들어 가는데

무례한 나그네의
난데없는 소란도
높은 뫼 깊은 골로
메아리로 품어 주며

옥색 산기운에 어리는
변함없는 마음으로
언제나 그 자리에서
말없이 푸르다

온달산성 가는 길

언제나
그 자리에서
묵묵히 산을 지켜온
수많은 수목들 사이로

산소 같은
풀 향기를 헤치며
온달산성 찾아가는 길

길가에
이름 모를 꽃들
그 향기로 맞아 주고

숲속의
이름 모를 산새들
그 노래로 반겨 주며

천 년 전에
불던 그 바람이
오늘도 불어오면서
천 년의 숨결로 속삭인다

바보 온달과
그리고 평강공주의
산성 같은 사랑 이야기를

남이섬

북한강 산기슭
발길이 닿지 않았던
전설의 섬에

처음으로
발자국을 찍고
황무지에 물을 대어
숲을 만들고

숲 속에
꿈을 심고
이야기를 꽃피워서
동화를 만들고

전설을
역사로 바꾸고
역사가 다시 전설이 되어
발길이 끊어지지 않는 곳

한 사람의 꿈이
모두의 열매가 되고
모두의 열매가 다시
모두의 꿈이 된 곳

꿈을 실은 기차가
오늘도 쉬지 않고
전설처럼 역사처럼
동화의 나라를 달린다

세미원에서

이 갈래 저 갈래로
갈라진 물길을 따라

흐르는 물을 보며
빨래판 길을 걸으며
때 묻은 마음 씻어 보고

진흙 속에서 피어난
맑은 연꽃을 바라보며
미소 같은 마음 가져보니

물과 꽃의 정원에서
물과 나는, 꽃과 나는
둘이 아닌 하나가 된다

주목

살아서 천 년
죽어서 천 년
기나 긴 세월
모진 풍설 견디며
인고의 시간들
안으로 안으로
가슴 속에 새기고
오늘도 말없이
태백산을 지키며

오고 가는
수많은 발걸음들
붉은 마음으로
변함없이 반기며
수유 같은
인생이 덧없고
부질없는
욕심이 허망함을
침묵으로
웅변하고 있구나

소매물도

햇빛 부서져
반짝이며 뛰어노는
쪽빛 바다 건너
바람이 나그네 되어
머물던 언덕에

바다 바람에
얼굴 씻은 털머위 꽃
노랗게 웃음 짓고

해송 솔향기
바다 내음 머금고
나그네 발길을
사로잡는다

바닷물에 깎인
열목개 몽돌의
세월 이야기를
밀려왔다 쓸려가는
파도가 주절대고

빛을 잃고
나그네의 발길
말없이 바라보는
등대가 외롭다

통영에서

구불한 해안선 따라
외롭게 앉아 있는 섬들
섬과 섬이 이웃해서
다정스러운 다도해

푸른 빛 감고 흐르는
바다의 침묵 속에
함성으로 울려오는
이순신과 한산도 대첩

굽이굽이 물길 따라
자리한 바다호수와
퍼즐 그림과 같은
동화마을이 키워낸
박경리 정지용 윤이상

역사의 외침이
메아리 치고
예술의 혼들이
살아 숨 쉬는
그곳이 바로 통영

독도

홀로 뛰쳐나가
가장 먼저 새 빛을
가장 먼저 새 날을

맞아 전하려고
스스로 새벽이 된
우리의 섬 독도

강탈의 거친 풍랑
침략의 비바람에도
혼자서 꿋꿋하게

오늘날까지
그 오랜 세월
잘도 견디어 왔구나

너를 만나는데
걸린 세월이 얼마인가
오십여 성상이 흘렀구나

반갑다
우리 섬 독도야

속리산 산행

언제였던가
속리산을 찾았던 것이
빛바랜 흑백사진처럼
기억마저도 희미하다
여행이 귀하던 고교시절
무슨 인생의 중대사처럼
설레는 마음으로
잠 못 들고 기다리던
수학여행으로
처음 찾았던 속리산
명찰 달린 까만 교복을
망토처럼 돌려 입고
교표 달린 까만 모자
삐딱하게 눌러쓰고
폼 잡으며 날다람쥐처럼
문장대를 쏜살같이
오르내리던
추억의 속리산을
직장동료들과 함께
다시 찾았다.
긴 세월을 건너서
이제는 느릿느릿
완만한 걸음으로
새로운 감회로
새로운 느낌으로

와이탄의 야경

있는 모습 그 대로
품어 주는 허공에
빛이 사라지고
어둠이 사물들을
까맣게 지워 가는 밤

세상은
온통 옷을 벗고
눈을 감는데

와이탄은
또 다른 빛으로
건물들이 눈을 뜨고
나름의 옷을 입으며

화려한 자태로
까맣게 물든 허공을
아름답게 수놓으니

황푸강도
잠들지 못하고
도심을 흘러가며
불빛에 스며들어
꿈꾸듯 어린다

황푸강 위에서
인생처럼 흔들리는
유람선에 의지하여

강물의 격절이
말없이 드러내는
불빛으로 황홀한
와이탄의 야경을

멀리서 바라보며
송두리째 넋을 잃은
이국 나그네 마음을

한줄기 강바람이
말없이 불어와
향수처럼 어루만진다

야류 지질공원에서

인류조차
나타나지 않았던
까마득한 세월의 강물
단숨에 건너니

기나 긴 세월
바람과 파도가
빚은 흔적들이
살아서 숨을 쉬고

먼 옛날
이집트 여왕이
말을 걸어오며

화석 속에 박제된
시간들이 해체되어
살아 움직이니

유한과 무한이
서로 만나서
하나로 흘러간다

살아보니 알겠더라 **IV** 넷

봄 1

지는 꽃
벙그는 꽃으로

봄은
꽃들의 세상이다

봄 2

꽃들이
아름다움으로
발길을 멈추게 하고

향기는
어찌할 수 없는
유혹으로
마음을 붙잡는다

신록은
부신 찬란으로
눈길을 사로잡고

산새들은
천상의 화음으로
귀를 적신다

봄은
자기의 빛깔과
자기의 향기로
생명의 온도를 높인다

신록

따뜻하게
불꽃으로 피어올라

온 세상 환하게
밝히던 꽃무리

후드득 후드득
눈물 되어 떨어진 후

신록이
눈부시게 돋아나

푸르디 푸르게
천지를 에워싸니

귓가에는
가득 들려오는
신록의 맥박소리

꽃샘추위

봄인가 싶어
빗장을 열었더니
난데없이 기분 상한 바람
헤집고 들어와
한바탕 몸부림하고
떠나가는 그 자리에
매화 꽃망울 터뜨리고
상사화 새싹 밀어 올리니
기어이 봄은
오고 마는 것을

춘설

햇살의
따뜻한 숨결에
얼어붙은 강물은
맥없이 풀리고

봄이 오는
발자국 소리에
개구리 놀라서
겨울잠을 깨는데

느닷없이
아쉬움의 날개
수없이 내려앉아
떠나가는 동장군을
소복으로 이별한다

민들레

길가에도
가시밭 돌짝밭에도
깊이 뿌리 내리고

사는 것 쉽지 않아
한없이 낮아져
앉은뱅이가 되어도

모질고
어두운 세월
노란 등불로
따뜻하게 밝히고

끈질긴 생명
그 끝자락에는
삶의 무게
모두 비워내고

        마지막 남은 힘으로
        가파르게 밀어서
        꽃대 높이 세우고

        꽃대 끝에
        투혼의 흔적
        홀씨에 담아서

        바람을 기다려
        둥글게 춤추며
        가볍게 이별한다

꽃을 보면서

꽃이 피었다
아름답게 피었다

저 고운 빛깔은
어디에서 오는 것일까
저 취하는 향기는
어디에서 오는 것일까

꽃을 보면서
그 고운 빛깔에 물들어
나도 꽃잎이 되고
그 취하는 기운에 찔려
나도 향기가 되어

꽃이 꽃을 부르듯이
너에게 물들어
너도 꽃잎이 되고
너에게 젖어들어
너도 향기가 되면

그 빛깔
그 향기로
밝아오는 세상

귓가에도
마음에도 울리는
꽃이 속삭이는 소리
생명이 피어나는 노래

개화

꽃이 핀다
세상이 열리고
꽃잎에 물든
해일이 덮쳐와
넘실대고

넘실거리는
꽃 물결위로
향기에 젖은
꽃바람 불어

외투 벗은
열린 감각들이
쏟아낸 탄성들
셀 수 없는 꽃잎만큼
물결 위에 떠돌아

숨 막히는
침묵 속에서
아름다움만이
홀로 개벽한다

아름답다

매화꽃 앞에서

시간이
두꺼운 옷 벗고
숨죽인 가지마다
거룩한 진리가
보름달로 피어나고
그윽한 사랑이
화음으로 울리니

세파가
겹겹이 둘러 친
빗장이 풀어지고
꽃잎으로 물들고
향기로 젖어들어
매화꽃 앞에서
메마른 마음이
봄으로 피어난다

나도
누군가에게
향기롭게 젖고
아름답게 물들어
또 다른 봄으로
피어나야 하리라

할미꽃

피자마자
자주색 고운 얼굴로
다소곳이 고개 숙이더니

어느 날 문득
산발로 꼿꼿하게
고개를 드는 할미꽃

저것은
겸손이 지나쳐서
오만이 되어버렸는가

아니면
익으면 익을수록
고개 드는 당당함인가

처음에
누가 이름하였나
할미꽃이라고

봄비 내리는 아침

거실에는
군자란 볼그스레
고운 자태 자랑하고

하얀 꽃 보라 꽃
함께 피운 쟈스민
고혹적인 향기를
말없이 자랑하며

생명은 소리 없이
꿈틀거림으로
저마다 바쁜데

쳇바퀴에서 벗어나
주검 같은 평안으로
한없이 고요해지는
봄비 내리는 아침

목련꽃

순결처럼
새하얗게 피어나
하늘을 우러러
타오르는 기도로
하늘 한 모서리
환하게 밝히다가
가장 아름다운 순간
주저 없이 떠나간다
그래서
더욱 안타까운
거룩한 순교자여

꽃이 진 후

꽃이 떠난 빈자리
남겨진 아쉬움으로
붉게 물드는 여운

낙화의 쏟아지는
외마디 비명으로
상한 몸이

꽃의 흔적을
끌어안고 다시
빈자리에 눕는다

5월의 산속에서

인적이 사라진
오월의 산 속

신록이 눈부신
때죽나무 가지마다
고요가 하얗게 나리고

맑은 하늘에
뻐꾸기 푸른 울음
유성처럼 울려 퍼지니

발밑으로부터
무념이 채여 올라와
불면으로 돋아난
근심의 돌기들 덮고

어느 새 나도
한 그루 신록으로
피어나고 있었다

6월에는

장미꽃마저 져버린 6월에는
절반으로 접어든 남은 날들도
눈부신 장미의 빛깔로
취하는 장미의 향기로
그렇게 살아갈 일이다
장미꽃처럼 그렇게
아름답게 살아갈 일이다

아카시아꽃

비단결 봄바람
살며시 밟고서
파도처럼 밀려와
하얗게 부셔지며
황홀한 향기로
고요히 덮쳐오니

아득한 기억을
거슬러 올라가
흑백사진 속의
빛바랜 추억이
다시 살아오네

고향 봄 산에
보는 눈 없어도
무언의 향기로
홀로 피었던
아카시아꽃이
세월을 건너서
오늘 여기에
또 피어있네

백일홍

한 여름
뜨겁게 타오르는
불덩이로

세상은
체온을 식히느라
초록으로 난리이고

매미는
시원한 울음소리
분수처럼 흩뿌려서
화기를 덮는데

백일홍은
불덩이 오롯이 안고
가슴 붉게 태우며
말없이 익어간다

무지개

무지개가
아름다운 것은
일곱 가지 색깔이
어우러져서일 것이다

우리도
무지개처럼
더불어 사는
삶이 아름답다

우박과 무지개

가을 맑은 하늘이
초상집처럼 울면서
칼날 품은 유리알을
쏟아 내더니

유리알에 베인
농심을 뒤로하고
하늘 한 모서리에
무지개를 세웠다

우리 인생살이처럼
낮에 꾸는 꿈처럼
별똥별이 떨어지듯
한 순간이었다

산 새 우는 아침

산 새 울음소리에
문을 열고 밖을 나서니

푸른 하늘 아래
영남산 말없이 푸르고

밝은 햇살 속에
송엽국 환하게 비치며

맑은 바람결에
장미꽃 외로이 흔들리는데

산새는 보이지 않고
비단결 바람 불어오니

마음이 혼절하여
바람 위에 길을 잃는다

매미

백일홍도 벌겋게
숨을 죽인 여름

매미는
세상이 떠나가라
치열하게 운다
여름보다 뜨겁게 운다

어두운 침묵 속에서
칠 년 만에 얻은 목숨
이레 만에 끝나는
덧없이 짧음을
저토록 목숨 걸고
죽을 힘을 다해 운다

매미 울음소리로
시원한 불꽃이
가슴에 타오른다

폭염

여름 햇살이
폭포처럼 쏟아진다
쏟아져 내리는 햇살마다
불꽃으로 타오르고
타오르는 불줄기 속에
바람조차도 갇혀서
뜨겁게 익어버렸다
여름을 목 놓아 노래하는
매미들도 숨을 죽이고
호흡도 힘겨워 하며
이를 악물고 견디는데
나무들은 오히려
푸르름을 더해가며
그늘을 만들어 준다

단풍 1

저마다 치열했던
푸르른 삶이
익고 또 익어서
절정에서 몸을 바꾸어
자기만의 빛깔로
마지막 불꽃으로
화려하게 타오르니
바라보는 눈길이
쏟아내는 뜨거운 탄성으로
온 세상이 더불어
황홀하게 타오른다

단풍 2

불이야!
쏟아지는 함성에
문득 고개를 드니

가을이
여기저기에서
붉게 타오른다

갈대

갈대가
바람에 흔들린다

연약한 갈대는
바람이 흔들어도
쓰러지지 않는다

거센 바람이
불어와도 좀처럼
꺾이지 않는다

갈대는 안다
속을 비우면
강하여 진다는 것을

불어오는
가을바람에
갈대는 은빛 물결로
눈부시게 흔들린다

눈 내린 아침

이른 아침
밤사이에 내린 눈에
저절로 터져 나오는 탄성
눈 내린 아침처럼
늘 감탄하는 마음으로
살아갈 일이다

소리 없이 찾아와
경계와 경계를 지우고
순백으로 바꾸어 놓은 세상
눈 내린 아침처럼
그렇게 차별하지 않으며
살아갈 일이다

꽃도 잎도
사라진 황량한 겨울
메마른 들판 나무 가지에
송이송이 피어난 눈꽃
눈 내린 아침처럼
그런 아름다움을 지니고
살아갈 일이다

소복하게 쌓인 눈
마음에도 살포시 내려 앉아
기억을 적시며 떠오르는
까맣게 잊고 있던 얼굴들
눈 내린 아침처럼
언제나 그리움을 안고
살아 갈일이다

눈 내리는 날

꽃도 지고
잎도 진자리
하얀 눈꽃이 피었다
가볍게 내려앉아
소리 없이 피었다

온 세상이
하얗게 피어나는
눈 내리는 날에는

무거운 몸도
눈처럼 가벼워지고
어두운 마음도
눈처럼 밝아지고
속까지 하얀
눈사람이 되고 싶다

난초

빛이 잠을 깨는
고적한 새벽

어렴풋이 비친
푸른 매무새가
곧고 날씬하다

하얀 속살
가냘픈 몸매에
작고 청초한 얼굴이
다소곳이 고개 숙여
조용히 벌었구나

불현듯
일었다 사라지곤
다시 다가오는 숨결
맑고도 깊도다

고운 자태
맑은 숨결로
세상을 향기롭게 하는
그대

아름답다 미인이여
그대와 동거함이
꿈만 같구나

돌아보니 기적이구나

지금 이 순간 딱 어울리는 말
아무리 쥐어짜 봐도 만감이 교차한다는 뻔한 말뿐이구나
삼십 여년 세월의 강물로 나를 키워주었던 일영산
그 기억의 조각조각들이 일제히 떠올라 나를 덮는구나

일영산 한 모퉁이에서
나보다 더 오랜 세월을 입 다물고 지키고 서 있는 느티나무
여름날 다닥다닥 붙어 있는 느티나무 푸른 잎사귀처럼 수많은 얼굴들
잎사귀와 잎사귀 사이로 셀 수도 없이 지나간 바람 같은 추억들
입학식, 졸업식, 예술제, 소풍, 체육대회, 수학여행 …

크게 아프지도 않고 별 탈 없이
지금까지 삼십 여년의 세월을 잘도 견디어 왔다만
인간으로도 허물 많았고, 교사로서도 너무나 부족하였구나
돌아보니 모두가 기적 같구나 하나님이 지켜주셨고
가족이 붙들어 주었고 선생님과 학생들이 가르쳐주고 도와주었구나

돌려 줄 것은 감사라는 말뿐이고 두고 가는 것은 미운 정 고운 정이라
가지고 가는 것은 일영산 산채만한 사랑과 밤하늘의 별 같은 추억들과
느티나무의 푸른 잎사귀들만큼이나 셀 수 없는 그리운 얼굴들이라
그리고 '동광 동광 돌을 던지자'라는 노래아닌 노래 소리와
책갈피처럼 귓속에 쌓이고 쌓인, 그러나 더 이상 들을 수 없는 종소리라

이제 'retire' 라는 말 깨트려서
바퀴를 갈아 끼우고 다시 달리리라.
남은 소풍 다하는 날까지, 노래하듯이 즐겁게
하늘나라로 돌아가는 그날 까지, 운동하듯이 열심히
그리고 가끔은 미소 지으리라, 지난날을 추억하며

- 일영산에서

살아보니 알겠더라

초판 1쇄 인쇄 : 2019년 1월 23일   초판 1쇄 발행 : 2019년 2월 1일

ISBN : 978-89-98988-19-7	CIP : 2019002438	편집 디자인 : Real Lies Media
등록 일자 : 2013년 2월 13일	발행인 : 한 기 열	책 표지 디자인 : 하 승 연
본문 출력 및 인쇄 : 피 앤 엠 123	팩스 : 0303-3440-0315	

- 이 책의 모든 글과 그림을 무단으로 복사, 복제, 전재 하는 것은 저작권법에 의해 금지되어 있습니다.
- 이 책에 사용된 이미지는 저작권자들과 사용 허락 또는 계약을 맺은 것이므로 무단 전재 및 복제를 금합니다.
  저작권자를 찾지 못한 일부 이미지에 대해서는 연락 주시는 대로 적법한 절차를 밟겠습니다.

이 도서의 국립중앙도서관 출판예정도서목록(CIP)은 서지정보유통지원시스템 홈페이지(http://seoji.nl.go.kr)와 국가
자료공동목록시스템(http://www.nl.go.kr/kolisnet)에서 이용하실 수 있습니다.
(CIP제어번호: CIP2019002438)